Pigology
written by Daisy Bird
illustrated by Camilla Pintonato

Text copyright © 2021 by Daisy Bird
Illustration copyright © 2021 by Camilla Pintonato
Published by arrangement with Debbie Bibo Agency

Korean translation © 2023, BOOKS-HILL Publishers Co., Inc.

알쏭달쏭 궁금한
동물농장 2

돼지

지은이 **데이지 버드** | 그린이 **카밀라 핀토나토** | 옮긴이 **김경숙**

피그 월드를 발견했어요

돼지들의 별	8
돼지고기를 얼마나 먹을까요?	9
옛날 옛날 한 옛날에	10
아주 오래된 수수께끼	11
우리는 한 가족	12
야생 돼지	14
무엇이 다를까요?	16
언제부터일까요?	18

돼지의 모든 것

돼지의 일생	20
엄마젖도 과학적으로 먹어요	22
돼지를 부르는 이름이 달라요	24
누가누가 더 돼지일까요?	26
코부터 꼬리까지 온몸을 살펴보아요	28
돼지 코의 모든 것	30
몸속은 어떤 모습일까요?	32
엄니와 이빨	34
누가 제일 빠를까요?	36
수영을 할 수 있을까요?	38
돼지도 아파요	40
돼지는 얼마나 똑똑할까요?	42

맛있게 드세요!

겨우살이 식량	44
세계의 돼지고기 요리	46
소시지학 개론	48
울음소리만 빼고 전부!	50

돼지와 사람

이야기 속의 돼지	52
동양의 십이지	54
웃음과 지혜	56
유명한 돼지들	58
돼지는 돈!	60
완벽한 돼지 농장	62
돼지도 가족이에요	64

무지개만큼 다양해요

매우 다양한 품종	66
베트남 팟벨리드 피그, 오사보 섬 돼지	68, 69
덴마크 시위 돼지, 메이산	70, 71
글로스터셔 올드 스팟, 흰색 큰 요크셔	72, 73
블랙 이베리코 돼지, 뮬풋 호그	74, 75

돼지들의 별

우리의 지구별에는 돼지가 몇 마리나 살고 있을까요? 자그마치 10억 마리예요! 10억이 얼마큼이냐고요? 미국, 러시아, 일본, 이집트, 독일, 영국, 스페인, 아르헨티나, 호주, 체코, 그리스에 살고 있는 사람의 수를 모두 다 합쳐야 10억 명이 된답니다!

아주 오랜 옛날부터 사람들은 돼지를 중요하게 여겼어요. 돼지가 안전을 지켜 주고 풍요로움을 가져다준다고 믿었지요. 오늘날에도 마찬가지예요. 집을 뜻하는 한자 '가(家)'는 지붕(宀) 아래에 '돼지(豕)'가 있는 모양이거든요! 하지만 돼지를 꺼리는 몇몇 나라들도 있어요. 이렇게 돼지에 관심이 많다 보니 사람들은 돼지를 잘 사육하는 방법과 좋은 품종을 만드는 방법을 수백 년 동안 연구해 왔어요. 돼지가 나오는 이야기와 미신도 많지요. 돼지가 나오는 속담은 요즘도 대화에 자주 쓴답니다.

지금 이 페이지에 있는 돼지는 몇 마리게?

정답은 10페이지에 있어요!

돼지고기를 얼마나 먹을까요?

전 세계 사람들이 1년 동안 먹는 돼지고기는 무려 1억 1천만 톤이에요. 맞아요. 1억 톤 하고도, 1천만 톤이 더 있어요! 미국 뉴욕에 우뚝 솟아 있는 엠파이어스테이트 빌딩 300개와 같은 무게예요. 돼지가 우리에게 얼마나 중요한지 알 만하죠?

소와 양, 그리고 닭은 소고기, 양고기, 닭고기뿐 아니라 우유, 양털, 달걀도 주지요. 하지만 돼지는 오로지 돼지고기만 준답니다. 그래서 사람들은 돼지를 조금 다르게 생각해 왔어요. 돼지는 키우기 쉽고 행동이 까다롭지 않거든요. 개나 고양이 같은 반려동물처럼요. 하지만 거의 모든 돼지는 결국 고기가 되지요. 소시지나 햄, 혹은 맛있는 돼지고기 요리가 되기도 하고요. 돼지고기는 전 세계에서 가장 많이 먹는 고기랍니다.

1. 핫도그
2. 돼지갈비
3. 바비큐
4. 살라미
5. 훈제햄
6. 모르타델라
7. 생햄
8. 소시지
9. 가공햄

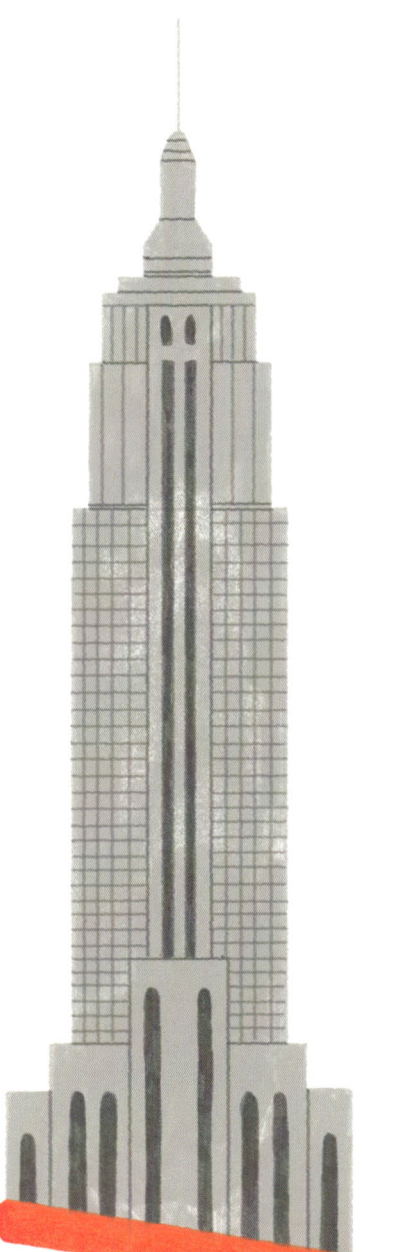
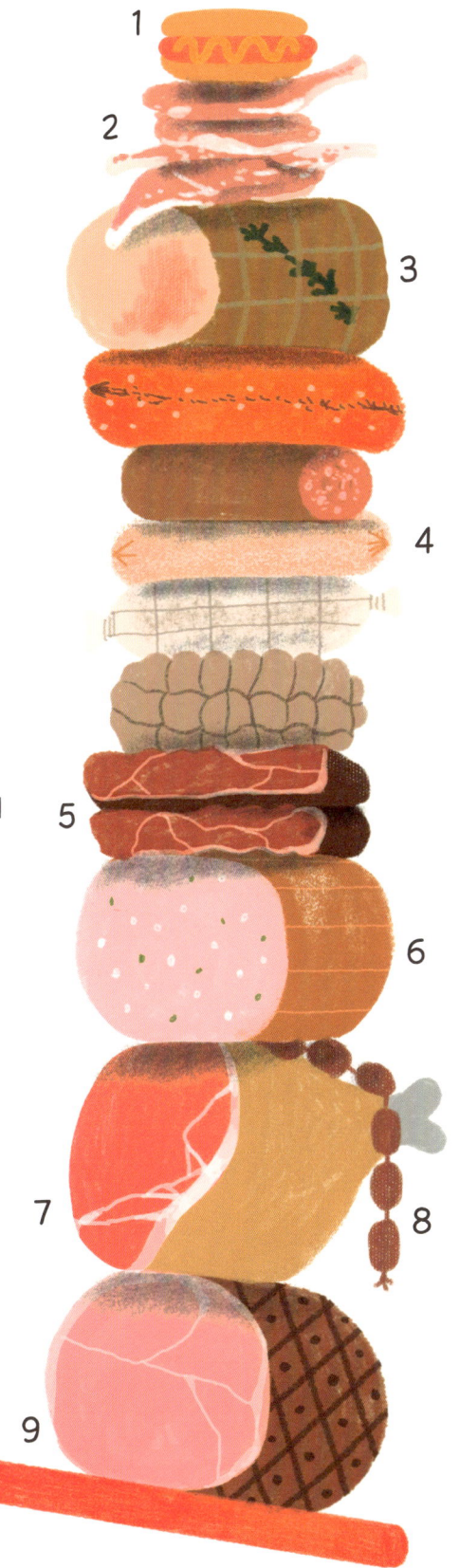

8페이지의 돼지는 모두 51마리예요!

옛날 옛날 한 옛날에

아주 오랜 옛날, 4,500만~1,900만 년 전 선사시대에, '엔텔로돈트'라는 무시무시하게 생긴 동물이 어슬렁거리고 다녔어요. 엔텔로돈트는 다리가 가느다랗고, 몸통이 아주 큼지막하고, 긴 주둥이 안에 뾰족하고 단단한 이빨이 줄지어 나 있었어요. 몸길이가 2미터였고 무척 사납고 포악해서 '지옥의 돼지' 또는 '터미네이터 돼지'라는 별명이 붙을 정도였지요. 뭐든 잘 먹는 돼지처럼 잡식성이었고 오늘날의 멧돼지와 꼭 닮은 모습이었답니다.

아주 오래된 수수께끼

약 1,900만 년 전, '하이오테리움'이라는 동물이 중앙아시아의 늪지대에 살고 있었어요. 하이오테리움도 엔텔로돈트처럼 잡식성이었지만 몸집은 좀 작았을 거라고 동물학자들은 생각해요. 하이오테리움은 정말로 수수께끼 같은 동물이랍니다. 아주 가끔 유럽의 포르투갈이나 서남아시아의 파키스탄 유적지에서 이빨, 두개골, 턱뼈 화석이 몇 개 발견되었을 뿐이거든요. 돼지의 조상은 엔텔로돈트일까요, 하이오테리움일까요?

우리는 한 가족

돼지는 발가락 개수가 짝수이기 때문에 소목이에요. 뼈대가 비슷한 동물이나 식물을 모아서 '소목', '고양이목'처럼 과학자들이 정해 두었어요. 그래서 다른 소목 동물인 양, 염소, 소, 사슴, 영양, 들소와 친척이에요. 당연히 낙타나 기린과도 친척이지요. 아마 돼지의 조상은 약 260만 년 전에 하이오테리움에서 진화한 첫 번째 멧돼지일 거예요. 하이오테리움은 엔텔로돈트와 하마의 조상과 친척이고 심지어 육지동물에서 진화한 고래와 돌고래의 조상과도 친척뻘이 된답니다.

기린 돼지 낙타

다 함께 하이파이브!

돼지와 낙타, 기린이 친척이라는 사실은 발가락을 보면 알 수 있대요. 양과 영양, 들소도 마찬가지예요. 이 동물들은 모두 발가락 개수가 짝수거든요. 돼지, 기린, 낙타는 발가락이 2개, 하마는 발가락이 4개예요. 말은 발가락이 하나의 발굽으로 되어 있어서 소목이 아니고 말목이랍니다. 돼지와 하마가 친척이라는 또 다른 증거는 이빨이 같은 방식으로 뾰족하게 나 있다는 점이에요. 생김새가 다른 동물이라도 이렇게 연결되는 점들이 있으면 유전자(DNA)를 비교해 보면서 연구할 수 있고, 어느 동물들이 어떻게, 얼마나 친척 관계인지 확실히 알 수 있지요.

양

들소

하마

말

영양

야생 돼지

전 세계에 있는 야생 돼지는 모두 16종이랍니다. 아프리카에는 부시 피그, 덤불멧돼지, 혹멧돼지, 숲멧돼지가 있고, 유럽과 아시아에는 멧돼지가 있어요. 멧돼지는 오늘날 가축으로 키우는 모든 돼지의 조상이지요. 중앙아메리카와 남아메리카에는 '페커리'라고 알려진 돼지가 3종 있어요. 그리고 태평양의 섬에도 6종의 돼지가 있답니다. 6종 모두 다른 종류의 돼지예요. 필리핀의 워티 피그, 보르네오 섬의 비어드 피그가 여기에 속해요.

페커리

페커리는 100마리가 넘게 무리 지어 살아요. 페커리는 뾰족한 엄니(상아)가 나 있는데 끄트머리가 땅 쪽을 향하고 있고, 코를 찌르는 아주 고약한 냄새를 풍겨요. 가장 좋아하는 먹이는 선인장의 한 종류인 백년초랍니다.

부시 피그

부시 피그는 아프리카 출신이에요. 암컷과 수컷 모두 머리에서 등까지 갈기가 나 있는데 화가 나면 그 털들이 빳빳하게 곤두선답니다.

보르네오 섬의 비어드 피그

비어드 피그는 주둥이 주변에 화려한 수염이 나 있어요. 게다가 꼬리에도 가늘고 긴 술이 멋지게 나 있답니다.

워티 피그

수컷 워티 피그는 짝짓기 시기가 되면 갈기가 닭 벗 모양의 모히칸 헤어스타일이 돼요. 이제는 워티 피그의 수가 줄어서 좀처럼 보기 힘듭니다.

자이언트 숲멧돼지

자이언트 숲멧돼지는 야생 돼지 중에서 가장 덩치가 커요. 수컷은 하이에나가 겁먹고 도망갈 만큼 큽답니다!

레이저백 피그

레이저백 피그는 가축으로 길들인 돼지의 후손이에요. 가축으로 기르던 돼지가 탈출해서 야생에서 새끼를 낳고 살게 된 거지요. 이런 반야생 돼지는 미국에 600만 마리 정도가 있다고 해요. 파괴력이 아주 커서 사람들에게 매년 수조 원의 피해를 입히기도 한답니다.

무엇이 다를까요?

오랜 옛날에는 가축으로 키우던 돼지들의 몸집과 생김새가 멧돼지와 비슷했어요. 행동과 습성도 비슷했겠지요. 아주 오랜 시간 동안 서서히, 사람들은 돼지들 중에서 좀 더 얌전하고 키우기 쉬운 돼지들을 골라 자손을 늘려 나갔어요. 그래서 이제는 농장에서 키우는 돼지와 멧돼지의 생김새를 한눈에 알아볼 수 있답니다.

멧돼지는 털코트를 입은 것처럼 온몸이 굵은 털로 덮여 있어요. 털 색깔은 보통 어두운색이에요. 수컷은 머리부터 등까지 빳빳한 털이 곧추 서 있는 모습을 많이 볼 수 있어요.

멧돼지 꼬리는 길고 곧게 펴져 있어요.

멧돼지 몸에서 가장 무겁고 근육이 많은 부분은 주로 어깨와 머리 부분이에요. 폭이 좁은 쐐기 모양 두개골도 그 부분에 있답니다.

멧돼지는 척추가 19개의 뼈로 되어 있고, 농장 돼지는 21~23개로 되어 있어요.

농장 돼지는 몸에 빳빳한 털이 별로 없어요. 하지만 무늬도 다양하고 몸 색깔도 여러 종류예요.

농장 돼지는 엉덩이와 뒷다리 부분이 몸무게의 70%를 차지한답니다.

농장 돼지는 사촌인 멧돼지보다 다리 길이가 짧아요.

야생의 성질이 남아 있어요

농장에서 지내던 돼지가 탈출해서 산이나 들로 가면, 탈출한 돼지의 새끼의 새끼인 손주 돼지들은 사촌들을 닮아 가기 시작해요. 점점 야생 멧돼지 모습처럼 된다는 얘기예요. 과학자들은 이것을 보고, 농장 돼지와 멧돼지의 조상이 같다는 증거라고 생각해요. 오래전에 야생에 있던 멧돼지를 농부들이 데려와 농장 돼지로 키웠으니까요. 농장에서 키우는 돼지들은 행복하게 돼지우리를 헤집고 다니며 농부가 등을 긁어 주기를 기다리는 순둥이지만, 기회를 만나면 사납고 거친 야생 멧돼지가 될 수도 있답니다!

언제부터일까요?

처음으로 멧돼지를 농장 돼지로 길들인 건 언제일까요? 1만~8천 년쯤 전에 서남아시아의 티그리스 강 근처에서 처음으로 키우기 시작했대요. 멧돼지의 학명 'Sus scrofa(수스 스크로파)'는 야생 돼지라는 뜻의 라틴어예요. 비슷한 시기에 중국에서도 돼지를 키우기 시작했대요.

이것저것 골고루 먹어요

돼지는 사람처럼 잡식성 동물이에요. 무엇이든 먹을 수 있다는 뜻이지요. 돼지는 하루 종일 행복하게 먹이를 찾아다녀요. 식물의 뿌리, 잎, 꽃, 씨앗, 열매는 물론이고 가끔 딱정벌레나 알도 덤으로 먹지요. 돼지는 사람이 신경 쓰지 않아도 혼자 잘 지낸답니다. 그리고 돼지를 길들이면서 사람들은 새로운 사실을 알게 되었어요. 돼지는 사람이 남긴 음식 찌꺼기까지도 아주 깨끗이 먹어치운다는 사실을요!

낭비도 없고, 바라지도 않고

사람들은 돼지를 아주 쓸모 있다고 생각했어요. 어떤 먹이를 주든 남김없이 먹어치우니까요. 음식 찌꺼기만 없애 주는 게 아니에요. 그걸 맛 좋은 돼지고기로 바꿔 주잖아요! 그래서 많은 나라 사람들이 돼지를 소중하게 여겼어요. 하지만 돼지가 상한 고기도 먹고 사람의 배설물까지 우걱우걱 먹어치우는 점 때문에 돼지를 가까이하지 않는 나라들도 있답니다.

긁적긁적

사람의 배설물을 돼지의 먹이로 재활용하는 일이 꺼림할 수도 있어요. 하지만 배설물을 먹는 동물은 돼지 외에도 많답니다. 토끼, 기니피그, 아기 코알라도 자신의 배설물을 먹어요. 먹이의 영양분을 한 번의 소화로 다 흡수하지 못하기 때문이지요. 사람들은 결국 무엇이든 잘 먹는 돼지를 가축으로 키우기로 결심했답니다. 아시아의 여러 나라들과 유럽 전체 지역에서, 돼지는 금세 사람들에게 아주 중요한 동물이 되었어요.

돼지의 일생

암퇘지 중 새끼를 낳은 적이 있는 돼지를 모돈이라고 하고, 낳은 적이 없는 어린 돼지를 초산돈이라고 해요. 태어난 지 3개월이 되면 새끼를 낳을 수 있고 보통은 5~6개월 무렵부터 새끼를 낳아요. 수컷도 태어난 지 6개월이 되면 어른 돼지가 되지요.

엄마 돼지의 몸이 임신할 준비가 되면 아빠 돼지를 찾아요. 이 시기는 18~24일마다 돌아온답니다. 몸속 호르몬이 짝짓기할 준비를 해주지요.

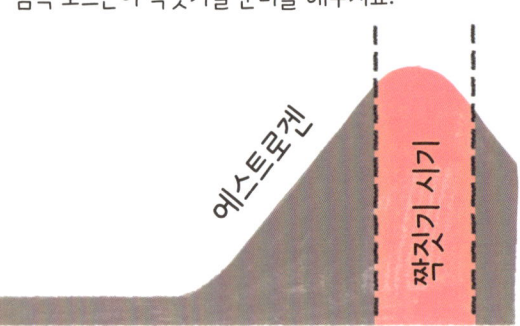

엄마 돼지와 아빠 돼지가 코를 맞대어 코 뽀뽀를 하면 아빠 돼지의 침에 있는 페로몬이라는 호르몬 냄새가 엄마 돼지에게 전달돼요. 페로몬은 짝짓기를 성공하도록 도와준답니다.

당신 냄새가 마음에 들어요!

아빠 돼지의 침에는 아주 강한 사향 냄새를 풍기는 '안드로스테논'이 들어 있어요. 신기하게도, 이 안드로스테논과 비슷한 냄새가 송로버섯에서도 난답니다. 그래서 돼지들이 기가 막히게 송로버섯을 찾아내는 송로버섯 사냥꾼이 됐나 봐요!

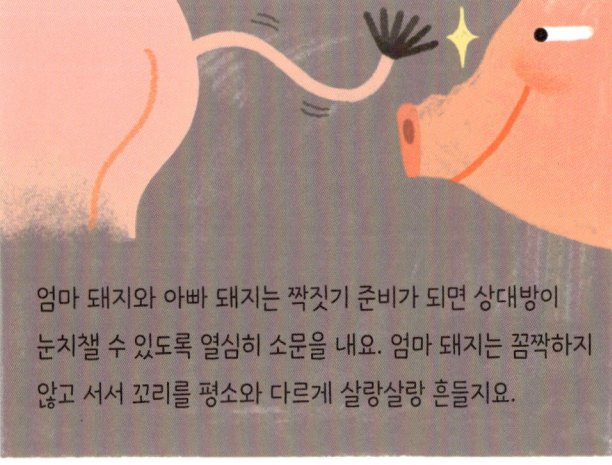

엄마 돼지와 아빠 돼지는 짝짓기 준비가 되면 상대방이 눈치챌 수 있도록 열심히 소문을 내요. 엄마 돼지는 꼼짝하지 않고 서서 꼬리를 평소와 다르게 살랑살랑 흔들지요.

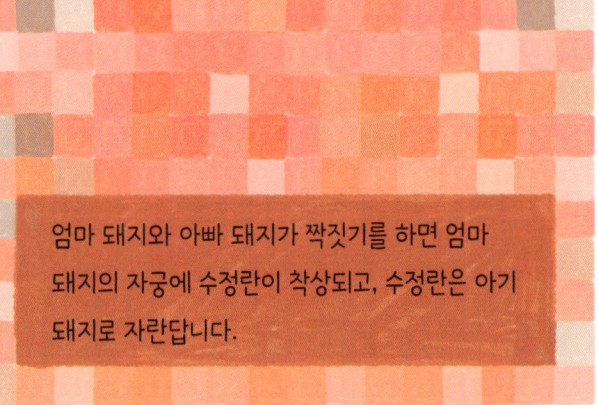

엄마 돼지와 아빠 돼지가 짝짓기를 하면 엄마 돼지의 자궁에 수정란이 착상되고, 수정란은 아기 돼지로 자란답니다.

짝짓기 후 약 115일이 지나면 아기 돼지들이 태어나요. 한 배에서 7~12마리가 태어나지요. 누군가에게 돼지가 특별히 더 소중한 이유는, 소는 9개월 만에 송아지 1마리를 낳지만, 돼지는 4개월 만에 아기 돼지 12마리를 낳기 때문이에요.

놀랍게도, 뱃속의 아기 돼지들이 엄마 돼지에게 신호를 보낸대요. 아기들이 만들어 내는 호르몬이 엄마에게 출산할 때라고 알려 주는 거지요. 한 배에서 가장 많은 아기 돼지가 태어난 기록은 36마리예요. 1993년 영국의 다산 프로그램 '돼지 570'에서 태어났답니다.

1주	8주	10주 이상
아기 돼지는 생후 1주 만에 몸무게가 2배가 돼요. 태어나서 엄마젖을 먹는 기간 동안은 '포유자돈'이라고 불러요.	아기 돼지는 생후 8~12주에 자연적으로 엄마젖을 떼요. 이때의 아기 돼지를 '이유자돈'이라고 불러요.	생후 10주가 지나면 월령에 따라 육성돈이나 비육돈이 되지요.
포유자돈	이유자돈	비육돈

돼지는 야생에서 살면 오래 살아야 여덟 살까지 살아요. 하지만 농장 돼지나 반려 돼지는 스무 살 이상도 살 수 있답니다. 최고 장수 기록을 가진 돼지는 캐나다 앨버타에서 살았던 어니스틴이라는 돼지예요. 23년 동안 오래 살다가 2014년에 세상을 떠났지요.

엄마젖도 과학적으로 먹어요

아기 돼지들을 낳기 전날, 엄마 돼지는 바쁘답니다. 부드러운 재료로 정성 들여 보금자리를 만들거든요. 보금자리는 아기 돼지들을 보호하고 다른 동물들이 다가올 수 없는 곳이어야 해요.

아기 돼지들은 태어난 지 몇 분 만에 엄마젖을 먹을 수 있어요. 1시간에 한 번씩 먹지요. 아기 돼지는 자기가 먹던 엄마 젖꼭지를 알고 찾아간답니다.

아기 돼지는 엄마젖을 코로 꾹꾹 눌러요. 아기 고양이가 엄마젖을 먹을 때 앞발로 하는 꾹꾹이처럼요! 그러면 엄마젖이 더 잘 나온대요.

꿀꿀 꿀꿀 꿀꿀 꿀꿀 꿀꿀 꿀꿀 꿀꿀 꿀꿀 꿀꿀 꿀꿀 꿀꿀 꿀꿀 꿀꿀 꿀꿀 꿀꿀 엄마 돼지와 아기 돼지들은 젖을 먹는 동안 계속 꿀꿀거려요. 아기 돼지들이 많이 꿀꿀거리고, 코 꾹꾹이를 많이 하고, 젖을 많이 먹을수록 다음번에 먹을 때 젖이 더 많이 나온답니다. 젖을 조금만 먹은 젖꼭지에서는 젖의 양이 줄어들어요.

야생에서는 엄마 돼지가 생후 1주일까지 아기 돼지를 꽁꽁 숨긴답니다. 1주일이 지나면 아기 돼지들은 엄마 돼지를 따라다니며 함께 먹이를 찾아요. 생후 5일 만에 엄마 돼지와 아기 돼지를 떼놓는 농장도 있지만 동물 복지를 중요하게 생각하는 농장은 8주까지 아기 돼지와 엄마 돼지를 함께 지내게 해준답니다.

엄마 돼지는 12~14개의 젖꼭지가 있어요. 일찍 먹기 시작한 젖꼭지에서는 젖이 많이 나오지만, 나중에 먹는 젖꼭지에서는 젖의 양이 적어요. 덩치가 큰 아기 돼지들에게 순서가 밀리는 '무녀리'는 젖을 많이 먹지 못해 몸집이 작답니다.

돼지를 부르는 이름이 달라요

갓 태어난 돼지는 아기 돼지지요. 그러면 '무리'는 뭘까요? '늙은 웅돈'은 몇 살일까요? '할아버지 웅돈'은 언제부터 될까요? '스퀴커'라고는 언제부터 불러야 할까요? '포유자돈'은 무엇일까요? '초산돈'은 몇 살일까요? '거세돈'은 언제 될까요? '시판돼지'는 무엇일까요? 정답은 아래에 있어요!

'거세돈'은 어린 수퇘지예요. 짝짓기를 못하게 거세되었어요. '시판돼지'는 시장에 내다 팔 준비가 된 돼지예요.

시판돼지

'초산돈'은 어린 암퇘지예요. 아직 출산한 적이 없거나 첫 임신 중인 돼지예요.

거세돈

초산돈

'무리'는 여러 돼지들이 함께 있는 것을 말해요. 야생 돼지, 농장 돼지 모두 해당되지요. 돼지 무리는 생후 2년쯤 된 어른 돼지들을 말해요.

무리

웅돈

'웅돈'은 성숙한 아빠 돼지를 말해요.

'늙은 웅돈'은 6년 이상 자란 돼지예요. '할아버지 웅돈'은 7년 이상 자란 돼지예요.

'스퀴커'는 생후 10개월쯤 된 야생 멧돼지예요.

스퀴커

늙은 웅돈

'포유자돈'은 생후 2~6주 된 아기 돼지예요.

'모돈'은 엄마 돼지를 말해요.

포유자돈

모돈

'무녀리'는 함께 태어난 새끼들 중 가장 먼저 태어나서 몸집이 작은 돼지예요.

무녀리

25

누가누가 더 돼지일까요?

피그미 호그

피그미 호그는 키가 20센티미터인 세상에서 가장 작은 돼지예요. 부탄과 인도 아삼 지역에 150마리 정도 살고 있을 정도로 심각한 멸종 위기에 처해 있어요.

괴팅겐 미니피그

아주 얌전한 괴팅겐 미니피그는 의학 연구를 위해 키우기 시작했는데, 반려동물로도 인기가 많아요. 어른이 되었을 때 몸무게가 35킬로그램쯤 돼요. 맞아요. 미니피그라는 이름만큼 아주 작은 건 아니랍니다!

쿠네쿠네

쿠네쿠네는 뉴질랜드에서 발견되었어요. 쿠네쿠네라는 이름도 뉴질랜드의 마오리족 말이에요. '뚱뚱하고 둥글둥글한'이라는 뜻이랍니다.

'호그질라'

돼지 세계에서 신기록을 세우고 있는 '호그질라'는 농장 돼지의 후손이기도 한 큰 멧돼지예요. 2004년 미국 조지아주에서 발견되어 사살된 호그질라는 몸무게가 360킬로그램이나 나갔다고 해요.

'빅빌'

세계에서 가장 큰 돼지의 기록은 1933년 이후로 바뀌지 않았어요. 최고 기록을 세운 돼지 '빅빌'은 몸무게가 1,157킬로그램이었어요. 거의 자동차 한 대의 무게랍니다.

코부터 꼬리까지 온몸을 살펴보아요

꼬리

돼지 뒷모습부터 살펴볼까요? 자그마한 돼지 꼬리가 있어요. 만약 돼지가 가려워하는 곳을 찾아 등을 잘 긁어 주면 돼지가 행복해할 거예요. 그러면 돼지는 꼬불꼬불한 꼬리를 스르르 펴서 살랑살랑 흔든답니다. 강아지처럼요!

짧고 뻣뻣한 털

야생에서 사는 돼지는 온몸이 뻣뻣한 털로 덮여 있어요. 이 털은 식물의 가시가 피부를 찌르지 못하게 막아 주지요. 그리고 숲에서 키 작은 나무들 사이에 몸을 숨기고 있을 때 눈에 띄지 않게 위장하는 용도로도 쓰여요.

발굽

돼지는 발에 각각 4개의 발굽이 있어요. 하지만 가운데 있는 2개의 발굽만으로 온몸을 지탱하고 있답니다. 그래서 이 발굽들은 정말 튼튼하지요. 사람으로 따지면 세 번째 손가락과 네 번째 손가락, 세 번째 발가락과 네 번째 발가락만으로 온종일 걸어 다니는 것과 마찬가지예요.

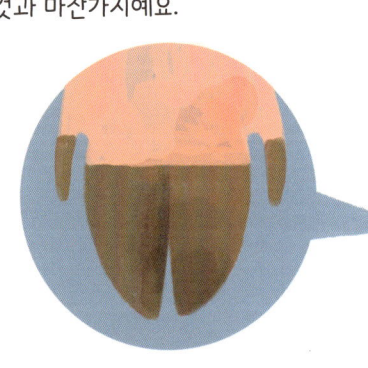

눈

돼지의 눈은 사람과 다르답니다. 사람은 여러 가지 색으로 볼 수 있지만 돼지는 그렇지 않아요. 하지만 '단안' 시력이 아주 뛰어나답니다. 그 말은, 앞쪽을 보고 있어도 오른쪽과 왼쪽의 모든 부분을 아주 선명하게 볼 수 있다는 뜻이에요. 덕분에 야생에서 포식자가 다가오는 것을 미리 눈치채고 몸을 지킬 수 있지요.

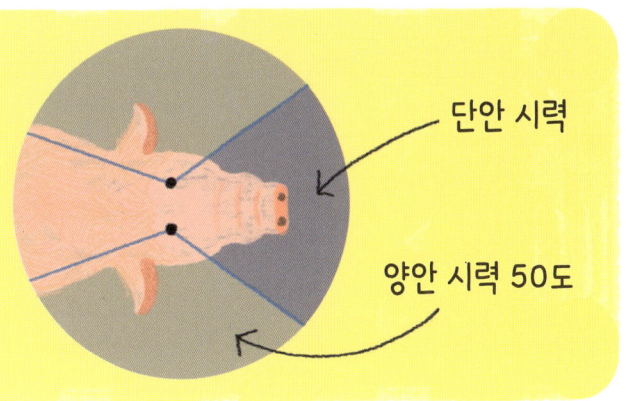

단안 시력

양안 시력 50도

귀

돼지는 귀를 곧게 세울 수도 있고 '처진 귀'처럼 접을 수도 있어요. 소리도 아주 잘 듣지요. 그래서 갑자기 들리는 큰 소리나 찢어지는 고음을 싫어해요. 하지만 음악을 좋아한답니다. 돼지에게 클래식 음악을 들려주는 농부도 있다고 해요. 클래식 음악을 들은 돼지는 빨리 자라고 스트레스도 덜 받는대요.

야생에서 살든 농장에서 살든, 돼지는 몸에서 땀이 나지 않기 때문에 스스로 몸의 열을 식힐 수 없어요. 그래서 시원한 진흙에서 뒹구는 '진흙 목욕'을 좋아해요. 진흙 목욕은 몸의 열도 식혀 주고 기생충 감염도 막아 준답니다. 그리고 진흙은 피부 색깔이 연한 돼지들에게 선크림이 되어 주지요. 돼지도 사람처럼 햇볕을 너무 많이 쬐면 피부가 빨개지고 껍질이 벗겨지거든요.

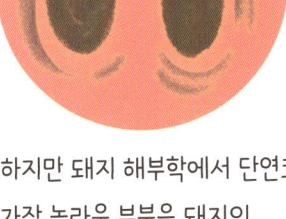

하지만 돼지 해부학에서 단연코 가장 놀라운 부분은 돼지의 코예요!

돼지 코의 모든 것

냄새를 정말 잘 맡아요

돼지의 코는 사람의 코보다 2천 배나 냄새를 잘 맡아요. 그래서 송로버섯 사냥꾼으로 훈련시키기도 하고, 지뢰를 찾거나 불법 약물을 찾아내는 일을 시키기도 해요.

멀어도 문제없어요

야생에서 사는 돼지는 11킬로미터나 떨어진 곳의 냄새도 맡을 수 있어요. 그리고 땅속 7미터 깊이에 묻어 둔 것의 냄새도 맡을 수 있답니다.

코뼈

정말 튼튼해요

돼지의 코는 귀도 되고 손도 된답니다. 돼지는 코 안에 뼈가 하나 더 있고 튼튼한 물렁뼈도 있어요. 그래서 코로 흙을 헤집어 팔 수 있을 정도로 힘이 있지요. 게다가 돼지는 코로 땅을 팔 때 콧구멍을 막을 수 있답니다. 정말 편리하겠죠?

냠냠 맛있어!

돼지의 혀에는 맛을 느끼는 세포, 미뢰가 사람보다 4배나 많아요. 돼지는 코와 혀로 주변의 모든 것을 탐색해요. 킁킁 냄새 맡고, 쩝쩝 맛보고, 뒤적뒤적 흙을 파헤치면서 온종일 즐겁게 먹이를 찾아다녀요.

몸속은 어떤 모습일까요?

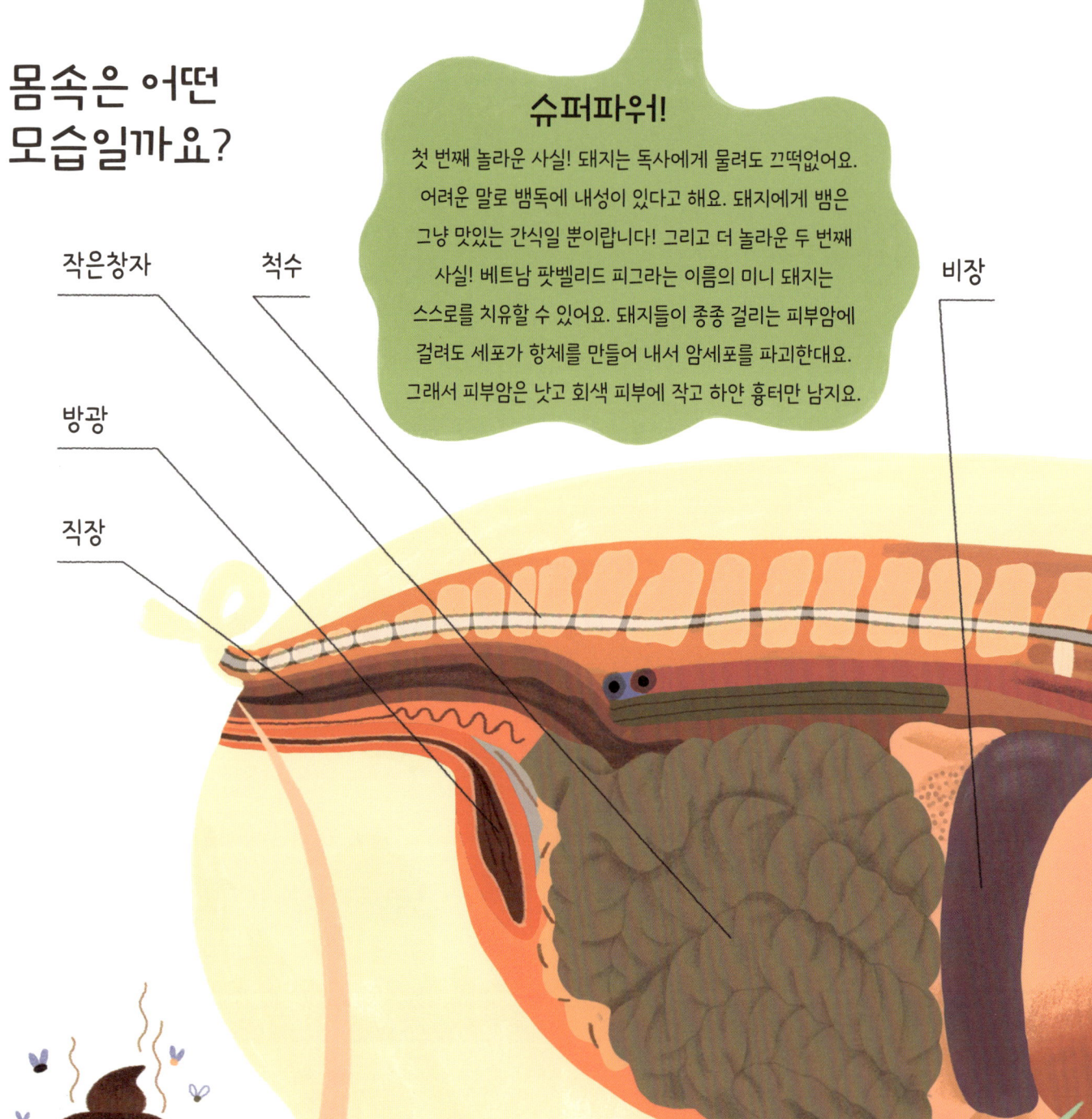

작은창자

척수

방광

직장

비장

슈퍼파워!

첫 번째 놀라운 사실! 돼지는 독사에게 물려도 끄떡없어요. 어려운 말로 뱀독에 내성이 있다고 해요. 돼지에게 뱀은 그냥 맛있는 간식일 뿐이랍니다! 그리고 더 놀라운 두 번째 사실! 베트남 팟벨리드 피그라는 이름의 미니 돼지는 스스로를 치유할 수 있어요. 돼지들이 종종 걸리는 피부암에 걸려도 세포가 항체를 만들어 내서 암세포를 파괴한대요. 그래서 피부암은 낫고 회색 피부에 작고 하얀 흉터만 남지요.

항문

어른 돼지는 하루에 3킬로그램의 대변을 배설해요. 돼지의 대변에는 메탄, 암모니아, 황화수소가 들어 있어요. 셋 다 냄새가 아주 고약하답니다. 돼지의 대변을 마주하게 되면 누구든 손으로 코를 움켜쥘 거예요!

위장

양과 염소, 그리고 소는 위장이 4개가 필요해요. 그래야 먹이로 먹은 풀에서 몸에 필요한 영양소를 많이 흡수할 수 있어요. 하지만 돼지는 어떤 음식이든 먹을 수 있고 훨씬 많은 종류의 먹이를 먹기 때문에 위장이 하나만 있어도 된답니다.

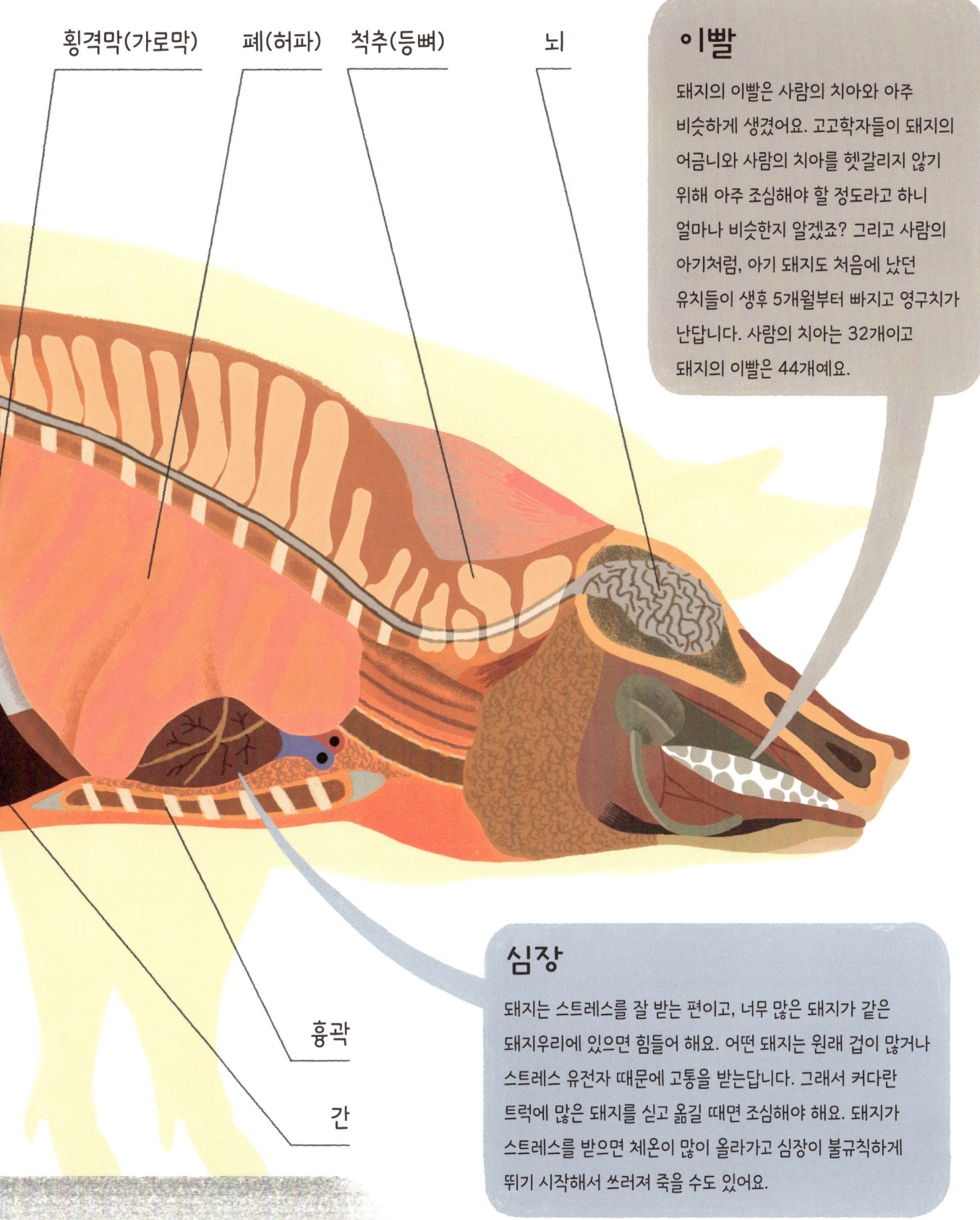

횡격막(가로막)　폐(허파)　척추(등뼈)　뇌

흉곽

간

이빨

돼지의 이빨은 사람의 치아와 아주 비슷하게 생겼어요. 고고학자들이 돼지의 어금니와 사람의 치아를 헷갈리지 않기 위해 아주 조심해야 할 정도라고 하니 얼마나 비슷한지 알겠죠? 그리고 사람의 아기처럼, 아기 돼지도 처음에 났던 유치들이 생후 5개월부터 빠지고 영구치가 난답니다. 사람의 치아는 32개이고 돼지의 이빨은 44개예요.

심장

돼지는 스트레스를 잘 받는 편이고, 너무 많은 돼지가 같은 돼지우리에 있으면 힘들어 해요. 어떤 돼지는 원래 겁이 많거나 스트레스 유전자 때문에 고통을 받는답니다. 그래서 커다란 트럭에 많은 돼지를 싣고 옮길 때면 조심해야 해요. 돼지가 스트레스를 받으면 체온이 많이 올라가고 심장이 불규칙하게 뛰기 시작해서 쓰러져 죽을 수도 있어요.

엄니와 이빨

돼지의 엄니(상아)는 사람의 '송곳니'예요. 암컷과 수컷 모두 엄니가 자라지만, 수컷의 엄니가 훨씬, 훠얼씬 크고 평생 동안 계속 자라요. 위턱 엄니가 자라면서 아래턱 엄니와 부딪쳐서 아주 뾰족해지지요. 엄니는 길게 자라면 45센티미터까지 자란답니다.

돼지는 엄니를 써서 흙속의 뿌리나 덩이줄기를 파내요. 수컷은 싸울 때도 쓰지요. 엄니로 상대방에게 상처를 줄 수 있거든요. 아래턱 엄니는 자라면서 휘어진답니다. 그래서 아래턱 엄니가 닳지 않고 계속 자라면 동그라미 모양이 된대요.

크면 클수록 좋아요

호주의 북쪽 바다에 있는 파푸아뉴기니에서는 동그란 엄니를 가진 돼지를 '터스커(tusker)'라고 부르면서 굉장히 소중한 동물로 여긴답니다. 역사적으로 전사와 사냥꾼들은 수퇘지의 엄니를 장신구로 쓰면서 힘과 용기의 상징으로 여겼어요.

누가 제일 빠를까요?

돼지는 달리기를 못할 것 같다고요? 천만의 말씀이에요. 돼지의 달리기 경주는 미국 곳곳에서 열리는 지역축제의 명물이에요. 어린 돼지도 참여한답니다. 야생에서 돼지는 거의 시속 50킬로미터 속도로 돌진할 수 있어요. 사람보다 아주 많이 빠른 속도예요. 우사인 볼트보다도 빨라요! 혹시나 멧돼지와 마주치게 된다면 천천히 그리고 조용히 뒷걸음질 치는 게 옳은 행동이에요. 최후의 수단은… 빨리 나무 위로 올라가야 해요!

시속 50킬로미터

시속 35킬로미터

시속 44킬로미터

조심하세요!

다른 야생 동물들도 마찬가지지만, 야생으로 탈출한 반야생 돼지와 멧돼지는 사람에게 덤벼들지 않고 금세 달아나요. 하지만 만약 궁지에 몰리거나 아기 돼지들을 보호해야 한다고 느끼면 정말로 사나워질 수 있어요. 혼자 있을 때 멧돼지를 만나면 공격받을 수 있으니 아주 조심해야 해요.

오래전부터 사람들은 멧돼지 사냥으로 자신의 용기를 보여 줬어요. 인도에서도 멧돼지를 아주 위험하게 여겨서 호랑이를 사냥하듯 멧돼지를 사냥했어요. 멧돼지와 반야생 돼지는 아주 교활하답니다. 사냥꾼 주위를 둥글게 돌다가 뒤쪽에서 공격한다고 해요.

시속 88킬로미터

시속 65킬로미터

시속 100킬로미터

수영을 할 수 있을까요?

깜짝 놀랄 만한 사실이 있어요. 돼지도 수영을 할 줄 안답니다! 게다가 아주 잘하지요. 다른 동물들처럼 돼지도 '개헤엄'을 쳐요. '티르피츠'라는 이름의 돼지는 독일의 순양함 SMS 드레스덴 함에서 탈출했어요. 그 배는 1914년에 해군 전투에서 침몰한 배였어요. 영국의 해군함 HMS 글래스고 함의 선원이 티르피츠를 발견했을 때, 티르피츠는 1시간 동안 아주 힘차게 헤엄을 치고 있었어요. 구출된 티르피츠는 글래스고 함의 마스코트가 되었답니다.

무인도 표류

바하마의 메이저 케이라는 무인도에는 멧돼지 무리가 살고 있어요. 돼지들은 규칙적으로 바다에 들어가 헤엄을 쳐요. 그런데 돼지들이 어떻게 그 섬에 살게 되었는지는 아무도 모른답니다. (아마도 헤엄을 쳐서 그 섬으로 가지 않았을까요?) 그 돼지들은 아주 인기 있는 관광명물이에요.

돼지도 아파요

돼지도 아플 수 있어요. 사람이 아픈 것과 비슷하답니다. 병원균이나 기생충이 몸에 들어오면 어떤 동물은 아프고 어떤 동물은 아프지 않기도 하는데, 사람과 돼지는 아주 비슷해요. 렙토스피라증과 살모넬라증의 원인이 되는 박테리아도 그중 하나예요. 사람에게 위험한 것처럼 돼지도 감염되면 병에 걸린답니다.

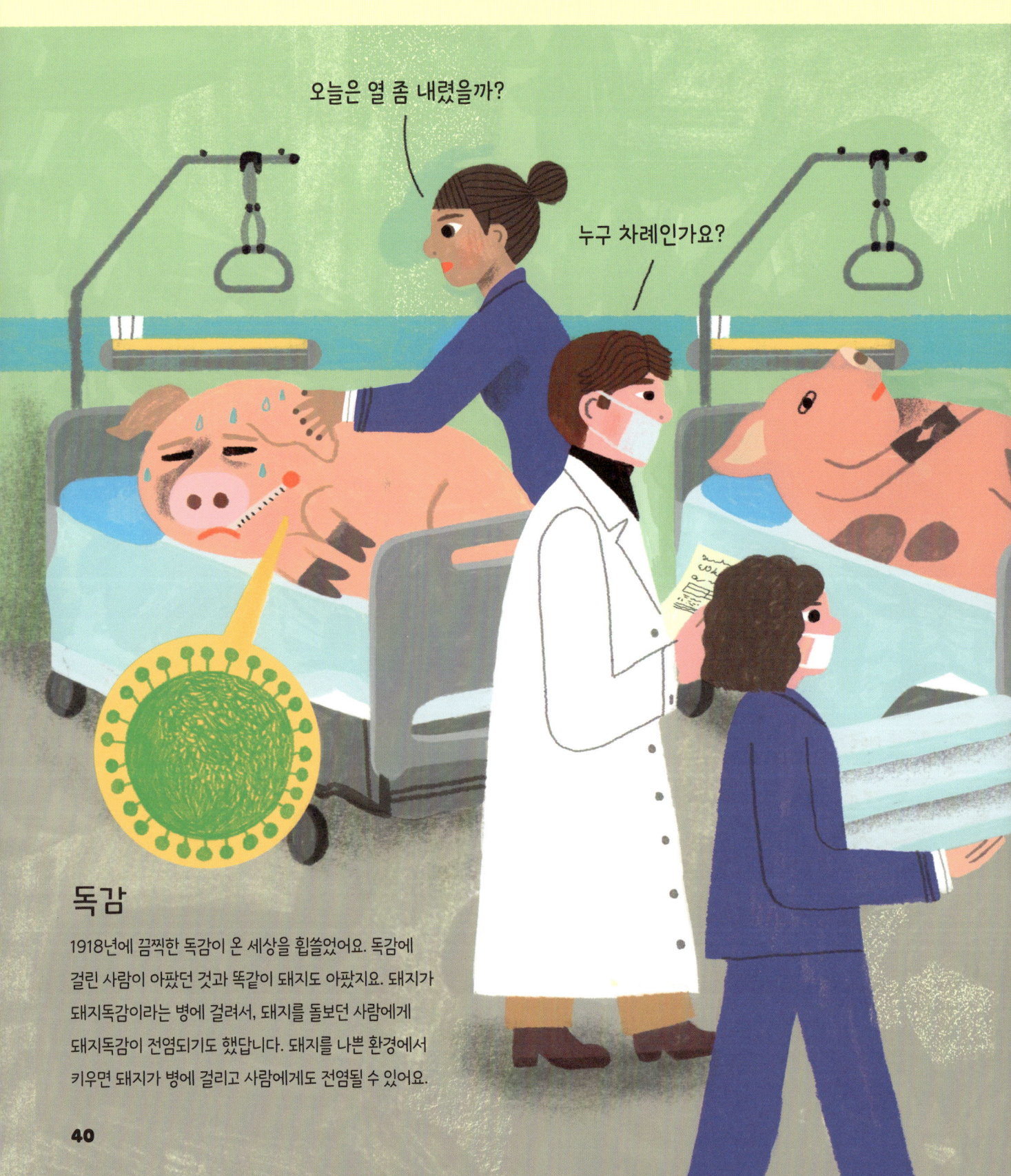

독감

1918년에 끔찍한 독감이 온 세상을 휩쓸었어요. 독감에 걸린 사람이 아팠던 것과 똑같이 돼지도 아팠지요. 돼지가 돼지독감이라는 병에 걸려서, 돼지를 돌보던 사람에게 돼지독감이 전염되기도 했답니다. 돼지를 나쁜 환경에서 키우면 돼지가 병에 걸리고 사람에게도 전염될 수 있어요.

스트레스

농장에서 한 돼지우리에 너무 많은 돼지를 키우거나, 돼지우리가 좁아서 돼지가 활동하기 힘들고 눕지 못하면 안 돼요. 그러면 돼지는 아주 불안해하고 괴로워하거든요.

선모충

선모충은 돼지, 사람, 어느 동물의 몸에서나 살 수 있는 기생충이에요. 깨끗하지 않은 환경에서 지내거나 오염된 먹이를 먹으면 선모충이 돼지 몸으로 들어올 수 있어요. 그리고 사람이 그 돼지고기를 완전히 익히지 않고 먹으면, 돼지에게 있던 선모충이 사람 몸으로 들어올 수 있어요. 사람 몸에 선모충이 들어오면 아주 끔찍한 배탈과 설사를 일으킨답니다.

돼지는 얼마나 똑똑할까요?

돼지는 굉장히 똑똑해요! 사실 돼지는 개만큼 똑똑하답니다. 거의 침팬지나 돌고래, 코끼리만큼 영리해요. 돼지는 아주 사교적이고, 놀기를 좋아하고, 여러 가지 다른 울음소리로 서로 의사소통을 해요. 그런 것들이 높은 지능을 알려 주는 행동이지요. 그리고 돼지는 언제 어디서 무슨 일이 있었는지를 기억하는 '일화' 기억이 가능하다고 해요. 그래서 예전의 기억을 돌이켜 보고 그 경험에서 배울 수 있대요.

실험실에서 테스트를 했어요. 돼지에게 거울을 보여 주면 어떨까요? 돼지는 거울을 거울로 생각한대요. 그리고 새로운 장소나 길도 익히고 기억할 수 있어요. 자신에게 관심을 주는 사람에게 반응을 보이고, 낯선 사람들 사이에서 그 사람을 알아볼 수 있대요.

돼지도 익숙한 장난감 사이에서 새로운 장난감을 골라낼 줄 알고 새 장난감을 더 좋아한답니다.

돼지는 버튼을 눌러 먹이를 달라고 하거나, 손잡이를 돌려 문을 여는 법도 배울 수 있어요. 그리고 미로 안에서 맛있는 먹이가 있었던 위치도 기억한대요.

그중 으뜸은 무엇일까요? 돼지는 먹이가 있는 곳을 모르면, 먹이를 잘 찾아 줄 친구를 앞장세우고 그 뒤를 따라간답니다. 그러다 먹이를 찾으면 친구를 밀치고 먼저 달려간대요! 정말 똑똑하면서도 엉큼하지 뭐예요!

TOBY THE SAPIENT PIG,

피그 사피언스 '토비'
돼지 세계의 유일한 학자
스프링 가든 로열실에서 탄생한 비범한 생명체

'학자 돼지'는 18세기에 처음으로 유명해졌어요. 사실은 매우 세심하고 철저하게 훈련을 받은 단순한 돼지였어요. 그러다가 1817년 런던에서 피그 사피언스 '토비'가 등장해서 폭풍 같은 인기를 얻었지요. 사육사 니콜라스 호어는 토비를 가르치기 전에 마술사였대요. 사육사가 아주 약간만 도와주면 토비가 단어를 맞추고, 글을 읽고, 계산을 하고, 시간을 말하고, 사람의 생각을 읽기까지 했어요. 자신의 자서전도 썼지요. 토비는 어떻게 남다른 재능을 갖게 되었을까요? 토비 엄마가 누군가의 서재에서 책을 뜯어 먹은 후 토비를 낳아서래요! 토비가 얼마나 훌륭한 돼지인지 시에도 잘 나와 있답니다. '남다른 재능에 화들짝 놀라고 / 휘둥그레진 눈과 벌어진 입을 다물지 못한 채 박수갈채를 보내…'

겨우살이 식량

뒷마당 돼지우리에서 키운 돼지들 덕분에 사람들은 수백 년 동안 겨울을 날 수 있었어요. 땅을 빌려 농사를 짓는 소작농이나 가난한 도시 주민들 모두요. 어쩌면 그런 점 때문에 돼지를 좋지 않게 생각하는 사람들이 생겼을지도 몰라요. 왜냐하면 예전에는 자기 땅이 없는 사람들이 돼지를 키웠고 그 사람들은 대부분 하층민이거나 노예였거든요.

돼지는 1년 내내 집에서 나온 음식 찌꺼기를 먹어 통통하게 살이 올랐고 11월이나 12월에 도축되었어요. 다 먹지 못하고 남은 돼지고기는 겨울 동안 상하지 않도록 소금에 절이거나 연기로 훈제했지요. 가난한 소작농에게는 크리스마스 돼지고기 요리가 특별했어요. 12개월 후 내년 크리스마스에나 고기를 먹을 수 있으니까요.

> 등쪽의 고기는 베이컨을 만들어서 오래 두고 먹었어요.

> 뼈는 구워서 쪼개어 뼈 안의 골수를 먹었어요.

햄을 사랑한 왕족

가난한 사람들만 베이컨과 햄을 먹었을까요? 아니에요. 영국의 빅토리아 여왕은 런던의 축산시장 스미스필드에 햄을 정기적으로 주문했어요. 1주일마다 버지니아햄 6개가 배송되었지요. 그리고 19세기의 사라 베르나르라는 배우는 바다 건너 프랑스 파리에서도 버지니아햄을 주문했답니다.

> 버지니아햄 참 맛있죠?

> 네, 맛있어요!

> 돼지의 피는 귀리와 향신료를 넣고 '블랙 푸딩'을 만들었어요.

44

소시지학 개론

돼지는 모든 부분이 아주 유용하게 쓰인답니다. 내장까지도요! 돼지의 창자는 오래전부터 소시지 껍질로 사용되었어요. 그리고 내장은 약초, 향신료, 향미제 등을 넣어서 소시지를 만들지요. '소시지'라는 말은 라틴어 '살시쿠스'에서 따왔어요. 살시쿠스는 '소금으로 절인'이라는 뜻이에요.

론 소시지

초리조

빈 소시지

독토르스카야 칼바사

부티파라 흰 소시지

살라미

울음소리만 빼고 전부!

옛 속담에 돼지는 한 가지만 빼고 모든 것을 사용할 수 있다는 말이 있어요. 그 한 가지는 '꽥' 하고 지르는 돼지의 울음소리예요. 사실 오늘날에도 이 속담이 옳아요. 돼지의 각 부분은 정말 놀라울 정도로 쓸모가 있답니다.

솔이나 붓

돼지의 굵고 질긴 털로는 붓이나 솔을 만들어요. 붓은 색깔을 칠할 때 사용하고 구둣솔로는 구두를 반짝반짝하게 닦지요.

본차이나 도자기

돼지 뼈를 곱게 갈아서 본차이나 도자기를 만들 때 넣어요. 이 뼛가루는 페인트에 들어가기도 해요.

가죽

돼지의 껍질은 무두질을 해서 가죽으로 만들어 쓴답니다. 그리고 화상 입은 환자를 치료할 때 병원에서 돼지 껍질 성분으로 만든 붕대를 사용해요.

축구공

잘 늘어나는 돼지의 방광으로는 축구공을 만들어요. 미국에서 축구공을 '피그스킨(돼지 껍질)'이라고 부르는 것은 이러한 이유 때문이에요.

심장 판막

돼지의 심장 판막은 사람과 같은 방식으로 움직여요. 그래서 사람의 심장 수술에 돼지의 심장 판막이 자주 사용된답니다.

젤라틴

오늘날 돼지가 우리에게 주는 가장 중요한 재료는 젤라틴이에요. 모든 동물의 결합조직에는 콜라겐이라는 단백질이 있는데, 이 콜라겐으로 젤라틴을 만들어요. 젤라틴은 말려서 가루로 만들어 보관해요. 여기에 액체를 넣으면 투명하고 냄새가 없는 찐득찐득한 젤라틴이 되지요. 전 세계에서 1년 동안 40만 톤의 젤라틴이 사용된답니다.

치약

젤라틴이 들어간 치약은 굳거나 마르지 않아서 언제든 짜서 쓸 수 있어요.

치즈케이크

젤라틴은 차갑게 먹는 디저트뿐만 아니라 마가린이나 잼에도 들어간답니다.

마시멜로

캠핑 가서 마시멜로를 구워 먹을 때 젤라틴을 볼 수 있을 거예요.

비타민

비타민의 캡슐도 젤라틴으로 만든답니다.

사진 필름

사진 필름을 코팅할 때 쓰는 감광유제도 젤라틴으로 만들어요.

사포

성냥개비에 성냥 머리를 붙이는 풀에도 젤라틴이 들어 있어요. 사포에 모래 알갱이를 붙이는 데에도 쓴답니다.

이야기 속의 돼지

돼지는 우리의 삶에서도 중요하지만 문화 속에서도 아주 의미 있는 존재예요. 세계 곳곳에 돼지에 대한 신화나 우화가 많이 있지요. 이야기 속의 돼지는 사람처럼 행동하기도 하고, 영웅이 자신의 힘을 시험해 보려고 할 때 대결 상대로 돼지가 등장하기도 해요.

그리스의 여자 마법사

『오디세이』라는 책에서 율리시스가 여자 마법사 서스를 찾아가요. 서스가 마법 식탁을 준비해 두고 율리시스를 저녁 식사에 초대하거든요. 그런데 율리시스와 친구들은 식탁의 음식을 먹고 돼지로 변했어요. 아마 서스는 그들의 식사 예절이 마음에 들지 않았나 봐요.

최강 근육!

세상에서 가장 힘이 센 헤라클레스는 무시무시한 에리만토스 멧돼지를 잡으라는 명령을 받았어요. 12과업 중 네 번째 과업이었어요. 그 멧돼지는 덩치도 정말 컸지만 힘도 아주 셌어요. 헤라클레스는 그리스의 에리만토스 산을 빙글빙글 돌며 멧돼지를 쫓아가서 결국 멧돼지를 잡았답니다.

바이킹 돼지 '황금 털 멧돼지'

노르웨이의 신화에 나오는 프로이와 프로이의 여동생 프로이야는 야생 멧돼지를 키우고 있었어요. 이 멧돼지의 털은 황금빛이라 어둠 속에서도 빛을 냈어요. 프로이야는 황금 털 멧돼지를 말처럼 타고 전투에 나갔답니다. 프로이와 프로이야는 세상의 창조물 중에서 가장 힘이 센 존재를 상징하게 되었어요.

아서왕도 돼지를 키웠어요!

아서왕 전설에도 돼지가 등장해요. 아서왕은 사촌 쿨후흐를 도와서 웨일스에서 가장 사납고 덩치 큰 멧돼지를 잡았어요. 두 사람은 멧돼지의 엄니를 면도기로 썼답니다. 멧돼지의 엄니는 얼마나 날카로운 걸까요?

동양의 십이지

십이지는 12종의 동물을 뜻해요. 돼지는 열두 번째 동물이랍니다. 전설에 따르면, 옥황상제가 성대한 잔치를 열고 동물들을 초대했는데 돼지가 늦잠을 자서 꼴찌로 도착했다고 해요. 돼지는 동양에서 부와 재물을 상징하지요. 심지어 사후 세계에서도요. 약 2천 년 전, 중국 한나라 시대에는 옥으로 만든 돼지 조각상을 시신의 손에 끼워서 관 속에 함께 넣었다고 해요.

열두 띠

십이지는 열두 띠라고도 해요. 12년을 주기로 매년 동물이 바뀌지요. 가장 최근의 돼지해는 2019년이었고 다음 돼지해는 2031년이에요. 돼지해에 태어난 사람은 활기차고 열정적이에요. 그리고 책임자가 되는 것을 좋아한다고 해요.

웃음과 지혜

돼지를 기르는 나라에는 돼지에 대한 속담이나 격언이 다양해요. 사람을 돼지에 빗대서 한 이야기도 많답니다. 예를 들면, 프랑스에서는 '돼지 머리'를 가지고 있다고 말하면 고집이 엄청나게 세다는 뜻이래요. 그리고 이탈리아에서는 '살라미 같은'이라고 하면 세련되지 못하고 온통 투박한 매듭투성이라는 뜻이에요. 살라미처럼요!

ブタもおだてりゃ木にのぼる
[일본]

1970년대에 일본 만화에 나와서 유명해진 말이에요. 누구든 자꾸 칭찬하면 무슨 일이든 하게 만들 수 있다는 뜻이랍니다!

PIGS MIGHT FLY!
[영국]

어떤 일이 불가능할 때 '돼지도 날지'라고 한대요. '돼지도 날지, 날개만 있다면!'

ZNAĆ SIĘ JAK ŚWINIA NA GWIAZDACH
[폴란드]

"무언가를 돼지처럼 안다는 것은 별을 아는 것이다." 무언가에 대해 하나도 모른다는 뜻이에요.

LAVAR CERDOS CON JABÓN ES PERDER TIEMPO Y JABÓN
[스페인]

"비누로 돼지를 목욕시키는 것은 시간과 비누 둘 다 낭비하는 것이다."라는 뜻이에요.

SWEATING LIKE A PIG
[미국]

앞에서 이야기한 것처럼 돼지는 땀을 흘리지 않아요. '무쇠(pig iron)'를 제련할 때 쓰는 말이에요. 뜨거운 쇠를 차갑게 만들 때 쇠에 물방울이 송글송글 맺히는 모습을 의미해요.

돼지꿈 꿔!
[한국]

꿈속에서 돼지를 보면 행운이 온대요. 한국에서는 돼지꿈을 꾸고 나면 복권을 사지요!

DU HAST SCHWEIN GEHABT!
[독일]

'돼지를 가지고 있었구나!' 누군가가 까다로운 상황에서 우연히 벗어나게 되었을 때 쓰는 말이에요.

CAST PEARLS BEFORE SWINE
[어디에서나]

돼지 앞에 진주를 놔두면 헛수고를 한 것이지요. 돼지가 진주의 가치를 몰라서 속상할 테니까요.

ЗАРЕКАЛАСЬ СВИНЬЯ В ГРЯЗЬ НЕ ЛЕЗТЬ
[러시아]

"거위는 돼지의 친구가 아니에요." 다시 말하면, 나와 다른 사람이랑 일을 하게 될 때는 조심하라는 뜻이에요.

没吃过猪肉, 还没见过猪跑
[중국]

"돼지고기를 먹어 본 적은 없어도 돼지가 달리는 것을 본 적은 있어요." 어떤 것에 대한 의견을 말하려고 그 일을 직접 체험해 볼 필요는 없다는 뜻이에요.

유명한 돼지들

과거에는 돼지가 신화나 속담에 등장했지만, 오늘날에는 텔레비전이나 영화에 출연하기도 하지요. 컴퓨터게임이나 이야기 속에서 새로 창조된 돼지들도 남녀노소 모두에게 사랑받아요. 만화 속 돼지, 록스타 돼지, 유명한 여자 가수로 영화에 등장하는 돼지, 마음씨 좋은 돼지, 악당 돼지, 동요나 무서운 이야기에 등장하는 돼지 등이 세상을 사로잡았어요. 누구에게나 좋아하는 돼지 캐릭터 하나쯤 있지 않나요?

'핑크 플로이드'의 노래 '동물들'

'베아트릭스 포터'의 '피글링 블랜드'

'위대한 머펫 케이퍼'의 '미스 피기'

'라이온 킹'의 '품바'

'곰돌이 푸'의 '피글렛'

'모아나'의 '푸아'

'심슨 가족'의 '플로퍼'

돼지는 돈!

돼지는 통통한 뱃살과 여유로워 보이는 행동 덕분에 늘 부유함을 떠올리게 하지요. 그리고 행운뿐만 아니라 몸과 마음의 편안함을 상징해 왔어요.

아이티에서는 잠시도 가만히 있지 못하는 토종 크리올 돼지를 결혼식 비용으로 주는 전통이 있어요.

파푸아뉴기니의 산악지대 마을에서는 돼지 엄니로 만든 목걸이를 장신구로 썼고 전통적인 화폐로도 사용했답니다.

볼리비아의 시골 마을에서는 긴 털의 까만색 크리올로 돼지를 실제로 돈처럼 여긴답니다.

병원비도 내지요.

돈을 모아 곡식을 사지요.

학비도 내지요.

오래전 아일랜드에서는 집에서 기르는 돼지를 '월세를 내주는 신사'라고 여겼답니다.

또 다른 동물들을 키울 수 있는 종잣돈 역할을 한답니다.

돼지저금통

돼지저금통은 언제 그리고 어떻게 생겨났을까요?

지금까지 발견된 가장 오래된 돼지저금통은 인도네시아의 자바 섬에서 발견된 돼지저금통이에요. 12세기에 쓰던 돼지저금통이라고 해요.

유럽에서 발견된 가장 오래된 돼지저금통은 독일의 튀링겐에서 발견된 돼지저금통이라고 고고학자들은 말해요. 13세기에 쓰던 돼지저금통이랍니다.

어떤 돼지저금통은 예쁘게 장식되어 있어요. 예술 작품까지는 아니지만요!

예전에는 집 안에서 쓰는 많은 물건들을 점토로 만들었어요. 특히 '피그 점토'라는 분홍색 점토가 많이 쓰였지요. 아마도 피그 점토로 만든 조그마한 항아리에 동전을 넣어 두다가, 어느 날부터 그 항아리를 피기뱅크라고 불렀을 거예요. 돈을 맡기는 곳이 은행(뱅크)이니까요.
어쩌면 피그 점토로 만들어서 쓰는 둥그런 그릇을 '피그'라고 불렀을 거예요. 그리고 19세기에 유럽에서 미국으로 사람들이 이주할 때 '피그'라는 말도 함께 가서, 그때부터 '피기뱅크(돼지저금통)'라는 말이 유명해진 거죠.

완벽한 돼지 농장

돼지가 행복하게 지내려면 넓은 우리가 무엇보다 중요해요. 적어도 10제곱미터는 되어야 하지요.

돼지우리는 바람을 막아 줄 수 있어야 해요. 그리고 우리 안에는 지푸라기가 필요해요. 포근한 침대가 되어 주고 날씨가 더울 때는 체온을 낮추는 데에도 도움이 되거든요. 날씨가 매우 더우면 호스로 물을 뿌려 주면 좋아요. 돼지가 스스로 바닥에 뒹굴기도 해요. 돼지의 조상은 수천 년 동안 선선하고 그늘진 숲이나 산에서 살아왔다는 사실을 잊어서는 안 돼요.

코로 땅을 파서 먹을 것을 스스로 찾아 먹는 환경이 되면 좋아요. 돼지가 영양을 골고루 섭취할 수 있어서 더 건강하게 지낼 수 있거든요. 맞아요. 돼지도 체중 문제가 생길 수 있어요. 그리고 음주 문제도 생길 수 있답니다. 집에서 술을 만들고 남은 술지게미를 돼지한테 줄 때도 있으니까요.

돼지를 존중하는 마음으로 키워야 해요. 특히 아빠 돼지는 조심스럽게 돌보아야 한답니다. 엄니가 난 후에는 정말 조심해야 해요. 그리고 아기 돼지를 낳은 엄마 돼지도 마찬가지예요. 다른 동물을 돌보기 위해 여러 기술을 익혀야 하는 것처럼, 돼지 사육사가 되기 위해서도 공부를 많이 해야 한답니다.

담장이 튼튼해야 해요. 돼지우리도 튼튼해야 하지요. 돼지는 환경에 호기심이 많아서 궁금한 것은 답을 알 때까지 계속 알아내려고 하니까요.

돼지는 대소변을 보는 장소를 정해 두지요. 야생에서는 잠을 자는 곳에서 6미터 이상 떨어진 곳이 화장실이 된답니다. 그래서 돼지우리 울타리를 칠 때 마당이 넓으면 넓을수록 좋아요.

돼지도 가족이에요

돼지는 새로운 환경에 적응도 잘하고, 훈련도 시킬 수 있고, 개처럼 짐을 옮기는 일도 할 수 있답니다. 사람들과 아주 쉽게 어울리며 가족이 되지요. 식성이 까다롭지도 않아요! 하지만 돼지를 반려동물로 키우기로 결심했다면, 다음의 내용들을 꼭 명심해야 해요.

돼지는 다른 돼지들과 어울리기를 좋아하고 혼자 있으면 우울해해요. 그래서 돼지와 함께 놀아 줄 시간이 많지 않다면 두 마리를 함께 키우는 게 좋아요. 그리고 멀리 여행 갈 계획이 있으면 개나 고양이처럼 돼지도 돌보아 줄 도우미가 필요해요!

만약 집 정원에 돼지를 풀어놓으면 돼지는 본능에 따라 땅을 파고, 흙을 헤집고, 화초들을 모조리 파헤쳐서 정원에 남는 게 없어져요. 풀이나 화초, 나무, 잔디는 물론이고 텃밭의 채소들까지도요!

거실이나 침실은 돼지에게 또 다른 탐색 장소가 되지요. 마구 헤치고 다니며 닥치는 대로 먹어치울 거예요. 돼지는 집 밖에서 키워야 한답니다.

대부분의 나라에서는 돼지에게 주는 먹이에 대해 '엄청나게' 엄한 규칙이 있어요. 돼지가 주인의 소유이더라도 그 규칙을 지켜야 하지요. 키우는 돼지가 돼지독감이나 구제역 같은 유행병에 감염되지 않도록 보호하기 위한 규칙들이랍니다.

매우 다양한 품종

전 세계에는 500여 종의 돼지가 있어요. 종류가 더 많았으면 많았지 적지는 않아요! 누구나 돼지를 그려 보라고 하면 다리는 가느다랗고, 몸통은 뚱뚱하고, 귀는 쫑긋하고, 눈과 코는 작게 그린 다음 아마도 분홍색으로 색칠할 거예요. 분홍색 돼지도 물론 있어요! 잘 그렸어요! 하지만 까만 돼지, 까만 얼룩 분홍 돼지, 줄무늬 돼지, 점박이 돼지, 적갈색 돼지도 있고, 양처럼 털이 북실북실한 돼지도 있답니다.

'아이언 에이지 피그'

벨기에 피어트레인

미들 화이트(중형 요크셔)

탬워스

듀록

버크셔

지역별로 돼지의 품종이 다양해진 이유는 서로 다른 환경에서 자라 왔기 때문이에요. 지금도 어떤 품종은 특정한 지역과 관련이 있어요. 영국의 탬워스와 프랑스의 가스코뉴처럼요. 두 품종은 세계에서 가장 오래된 품종이지요. 돼지는 품종별로 저마다 특징이 있어요. 만갈리차 품종은 지방이 많아서 라드가 중요한 식재료였던 시절에 아주 많이 키웠어요. 18세기와 19세기에는 돼지 품종이 더 과학적으로 바뀌었어요. 빠르게 자라는 아시아의 작은 품종들이 유럽과 아메리카 대륙으로 건너갔거든요. 아시아 돼지의 후손들은 옆모습이 둥글고, 코가 짧아요. 버크셔처럼요. 최근에 등장한 품종으로는 몸통이 긴 덴마크 랜드레이스가 있어요. 과학자들은 탬워스 암퇘지와 야생 멧돼지를 교배하며 연구해서 아이언 에이지 피그가 어떻게 탄생했는지를 알아냈답니다.

옥스퍼드 샌디앤블랙

가스코뉴

만갈리차

덴마크 랜드레이스

리무쟁

도쿄 엑스

베트남 팟벨리드 피그

원산지 　베트남
색상 　주로 온몸이 검정색이에요.
　　　 가끔 발이나 배 부분이 분홍색인 경우도 있어요.
생김새 　배가 아주 불룩하고 코가 짧고 귀가 쫑긋 서 있어요.
무게 　작은 돼지는 50킬로그램,
　　　 큰 돼지는 100킬로그램 이상이에요.

베트남 팟벨리드 피그는 벼농사를 짓는 베트남의 습지대에 맞춰 품종이 개량되었고, 걸을 때 네 발가락 모두가 땅에 닿아요. 팟벨리드 피그 덕분에 베트남은 돼지고기 요리법이 발달했고 베트남 민속 예술에도 돼지가 자주 등장해요. 서양에서 반려동물로 인기를 끌면서 2011년까지는 베트남에 있는 수보다 더 많은 팟벨리드 피그가 미국에 있기도 했어요.

흥미로운 사실! 베트남에서는 종종 물고기 양식장에 팟벨리드 피그를 풀어놓아서, 부레옥잠에게 영양을 공급하고 있어요. 팟벨리드 피그가 양식장을 돌아다니며 물에 대소변을 보면 부레옥잠에게도 거름이 되고, 양식장의 물고기에게도 먹이가 된답니다.

오사보 섬 돼지

원산지　스페인
색상　　주로 검정색이에요. 가끔 점박이도 있어요.
생김새　아주 작아요!
　　　　어른 돼지가 되면 키가 50센티미터쯤 되지요.
무게　　암태지와 수태지 모두 90킬로그램이에요.

오랜 옛날, 스페인 뱃사람들은 북아메리카 바닷가를 탐험했어요. 섬을 발견하면 미래의 식량이 되길 바라며 돼지들을 섬에 풀어놓았지요. 지금 미국 오사보 섬에서 사는 돼지들은 16세기부터 쭉 오사보 섬에서 살아온 돼지들의 후손이라서, 다른 품종과 섞이지 않은 순종이에요. 긴 코에 털이 많은 오사보 섬 돼지는 마치 옛날 세상에서 타임머신을 타고 온 시간여행자인 것처럼, 500년 전 돼지의 모습을 그대로 간직하고 있답니다.

흥미로운 사실! 힘든 시기를 이겨내 온 오사보 섬 돼지는 피하지방을 8센티미터나 저장할 수 있답니다.

덴마크 시위 돼지
(프로테스트 피그)

원산지   덴마크
색상   탬워스처럼 붉은색이지만
            어깨 쪽에 흰색 띠가 있어요.
생김새   튼튼하고 다부지며 강인하고 추위를 잘 견뎌요.
무게   수퇘지는 350킬로그램이고
            암퇘지는 300킬로그램이에요.

덴마크 시위 돼지는 매우 정치적인 돼지예요. 특별한 역사가 있지요. 19세기 말에 덴마크는 프로이센 통치 하에 있었어요. 슐레스비히홀슈타인 지역의 농부들은 애국심의 표시로 붉은색과 흰색 줄무늬가 있는 돼지를 키우기로 했어요. 덴마크 국기가 붉은색과 흰색 줄무늬로 되어 있는데, 그 시절 슐레스비히홀슈타인 지역에서는 덴마크 국기가 금지되었기 때문이랍니다.

흥미로운 사실! 덴마크 시위 돼지는 1960년대에 멸종했어요. 하지만 1984년에 다른 돼지를 개량해서 원래의 붉은색-흰색 모양의 돼지를 다시 탄생시켰답니다.

메이산

원산지　중국
색상　몸은 검정색이고 발은 흰색이에요.
생김새　몸집이 뚱뚱하고 귀가 늘어져 있으며 얼굴에 깊은 주름이 있어요.
무게　수태지는 180킬로그램이고 암태지는 120킬로그램이에요.

메이산의 얼굴은 독특해요. 어른이 되면 주름이 깊어지고 피부가 처져서 앞을 전혀 볼 수 없게 되지요. 하지만 후각이 아주 발달해서 아무런 불편 없이 지낼 수 있어요. 메이산은 냄새만으로도 주위에서 무슨 일이 일어나는지 알아챈답니다. 그래서 게으르다고 할 정도로 유순해졌나 봐요. 움직이고 싶을 때 외에는 절대 움직이지 않아요!

흥미로운 사실! 메이산은 한 번에 새끼를 많이 낳아요. 20마리가 태어나는 일도 정말 흔하답니다.

글로스터셔 올드 스팟

원산지　영국
색상　　연한 분홍색 바탕에 검정 얼룩무늬들이 선명해요.
생김새　글로스터셔 올드 스팟은
　　　　축 처진 귀가 계속 자라서 얼굴을 덮어 버려요.
　　　　그리고 코끝이 위로 들린 들창코예요.
무게　　수태지는 270킬로그램이고 암태지는
　　　　220킬로그램이에요.

글로스터셔 올드 스팟은 세상의 '점박이' 돼지 중에서 가장 오래된 품종이에요. '오막살이 돼지'라고도 부르는데, 온순하고 스스로 먹이를 찾는 능력이 있어요. 그리고 전통적으로 영국 웨스트 컨트리의 사과 과수원과 관련이 있어요. 과수원에서 바람에 떨어진 사과를 먹는답니다.

흥미로운 사실! 글로스터셔 올드 스팟은 유럽공동체가 첫 번째로 지정한 전통유산 돼지 품종이랍니다. 그럴 만하지요!

흰색 큰 요크셔 (라지 화이트)

원산지 영국
색상 분홍색
생김새 우리가 '돼지' 하면 떠올리는 그 돼지예요.
덩치가 크고 튼튼하고 재빠르며,
긴 코에 귀가 쫑긋 서 있지요.
무게 수퇘지는 380킬로그램이고 암퇘지는
300킬로그램이에요.

라지 화이트는 덴마크 랜드레이스와 함께 세계에서 가장 중요한 돼지 품종이에요. 두 품종 모두 전 세계에 수출되고 있고, 오늘날까지 수많은 국제 품종 프로그램에서 뽐내고 있지요. 세상에서 가장 비싼 돼지의 기록도 라지 화이트가 가지고 있어요. 2014년 미국에서 3억 2천만 원에 팔렸답니다.

흥미로운 사실! 1850년대 웨스트 요크셔 지방의 방직공인 요셉 툴리가 뒷마당에서 라지 화이트를 키웠다고 전해져요. 요셉 툴리는 라지 화이트 사육에 성공한 덕분에 부자가 되었답니다.

블랙 이베리코 돼지

원산지　이베리아 반도
색상　　검정색도 있고 검붉은색도 있어요.
　　　　발굽은 항상 검정색이에요.
생김새　군살 없는 근육질 몸이고 뼈대가 가늘어요.
　　　　몸에 털이 거의 없답니다.
무게　　수퇘지와 암퇘지 모두 160~190킬로그램이에요.

블랙 이베리코 돼지는 이베리아 반도의 넓은 참나무 숲에서 살아요. 돼지를 넓은 곳에 풀어서 키우는 방목장으로 유명한 곳이지요. 이베리코 돼지는 풀, 약초, 풀뿌리도 먹지만 특히 도토리를 먹고 살아요. 도토리는 독성이 있어서 말이나 소에게는 먹이면 안 되지만 이베리코 돼지는 끄떡없어요! 올리브유에 들어 있는 몸에 좋은 올레인산 성분이 도토리에도 들어 있대요. 그래서 도토리를 많이 먹은 이베리코 돼지로 '하몬 이베리코'라는 훌륭한 햄을 만들 수 있답니다. 하몬 이베리코는 아주 비싼 햄이에요!

흥미로운 사실! 비만이 되기 쉬운 블랙 이베리코 돼지는 좁은 돼지우리에서 지내면 작고 뚱뚱해지기 쉬워요. 이베리코 돼지는 '걸어 다니는 올리브나무'라는 별명이 있대요.

뮬풋 호그

원산지	아메리카
색상	온몸이 검정색이고 윤기가 흐르는 짧고 뻣뻣한 털이 나 있어요.
생김새	중간 크기의 몸통에 코끝이 길고 뾰족해요. 야생 멧돼지처럼 코끝이 아래쪽을 향하고 있어요.
무게	수퇘지는 250킬로그램이고 암퇘지는 200킬로그램이에요.

뮬풋 호그는 발가락들이 하나로 붙어 있는 '합지증'이에요. 그런 품종은 전 세계에 아주 드물지요. 뮬풋 호그는 아무데서나 잘 자라고 키우기 까다롭지 않아서 아메리카 중서부에서 인기가 많았어요. 하지만 지금은 북아메리카에서 거의 찾아보기 힘든 품종이에요. 순종 뮬풋 호그는 200마리밖에 남지 않았대요.

흥미로운 사실! 뮬풋 호그는 16세기 스페인 탐험가들이 아메리카 걸프 만에 왔을 때 데려온 첫 번째 돼지 품종으로 알려져 있어요. 아메리카 원주민인 촉토족이 키웠던 촉토 호그도 합지증이 많아요. 그래서 뮬풋 호그와 촉토 호그는 조상이 같다고 여긴답니다.

감사의 인사

'포르코(porco)' 팀에 깊은 감사를 전하고 싶어요. 카밀라, 데비, 일라리아, 돼지 농장을 하는 잭 삼촌, 돼지에 대해 기대 이상의 많은 지식을 알게 된 마크, 모두 고마워요!
— 데이지 버드

스테파노에게 감사를 표하고 싶어요. 무엇보다도 돼지의 진가를 알고 있죠. 내 광기에도 불구하고 연락을 이어 가고 있는 모든 친구들에게 감사해요. 농장의 동물들에게 계속 놀라고 있는 소니아 티노도 고마워요. 그리고 '포르코' 팀 언제나 감사해요!
— 카밀라 핀토나토

지은이 데이지 버드 미국 뉴욕과 영국 런던을 오가며 살고 있어요. 세상을 바라보고 꿈꾸며 글을 쓰는 일을 가장 좋아합니다.

그린이 카밀라 핀토나토 이탈리아 베니스에 거주하고 있어요. 일러스트레이터, 그래픽 디자이너 등으로 활동하고 있어요. 고양이와 닭을 좋아하며 여가 시간에는 정원을 가꾸고 고양이 로스마리노를 껴안으며 가장 많은 시간을 보낸답니다.

옮긴이 김경숙 책과 언어와 아이들이 좋아서 번역을 시작했고, 현재 번역가들의 모임 '바른번역'에서 출판 번역가로 활동하고 있습니다. 『겨울뿐인 미래』, 『사라진 도시 사라진 아이들』, 『주니비의 비밀일기』, 『마법의 유니콘 협회 골든 유니콘』 등 많은 어린이책과 청소년책을 옮겼고, 『우리의 미스터 렌』, 『개의 힘』, 『컵오브테라피2』 등의 어른책도 재미있고 읽기 좋게 우리말로 옮겼습니다.

알쏭달쏭 궁금한
동물농장 ②

돼지

초판 인쇄 2023년 11월 5일
초판 발행 2023년 11월 11일

지은이 데이지 버드
그린이 카밀라 핀토나토
옮긴이 김경숙
펴낸이 조승식
펴낸곳 BH balance & harmony
등록 1998년 7월 28일 제22-457호
주소 서울시 강북구 한천로 153길 17
전화 02-994-0071
팩스 02-994-0073
이메일 bookshill@bookshill.com
블로그 blog.naver.com/booksgogo

값 12,000원
ISBN 979-11-5971-530-3

* BH balance & harmony는 도서출판 북스힐의 그래픽 노블 임프린트입니다.
* 잘못된 책은 구입하신 서점에서 교환해 드립니다.